PRIMERA TIMOTEO

JOSÉ YOUNG

Ediciones Crecimiento Cristiano

© **Ediciones Crecimiento Cristiano**
Córdoba 419
5903 Villa Nueva, Córdoba.
Argentina

Diseño de Tapa: Ana Ruth Santacruz
Primera edición: 10/85
Esta edición revisada: 2/90

Ediciones Crecimiento Cristiano es una Asociación Civil sin fines de lucro dedicada a la enseñanza del mensaje evangélico por medio de la literatura.

I.S.B.N. 950-9596-34-5
Queda hecho el depósito que previene la Ley 11.723

Prohibida la reproducción total o parcial de este cuaderno sin previa autorización escrita de los editores.

Impreso en *Ediciones Crecimiento Cristiano* Villa Nueva, Cba. octubre 2013

IMPRESO EN ARGENTINA   **VE5**

Introducción

Timoteo es una de las cartas llamadas "pastorales". Reciben este nombre las cartas a Tito y Timoteo por ser personales; son cartas donde Pablo "pastorea" a estos jóvenes que le habían acompañado en la lucha, y que ahora están solos frente a los problemas y necesidades de las iglesias que dirigen.

Las dos cartas contienen temas importantes para las iglesias, pero más aún son un desafío para los que desean ser verdaderos discípulos de Jesucristo, y para aquellos que han dedicado sus vidas a servirle en la iglesia y en el mundo.

La mayor parte de la información acerca del apóstol Pablo la tenemos en el libro de los Hechos. En él se narra su conversión, y se describen muchos episodios de sus años de ministerio, Pablo termina prisionero, aunque gozando de bastante libertad (Ver especialmente Hch 28:16,30,31).

Sin embargo, los comentaristas piensan que posteriormente, Pablo fue puesto en libertad, y tuvo varios años más de ministerio antes de ser nuevamente encarcelado, y ejecutado. Piensan que Pablo escribió 1 Timoteo en el intervalo entre las dos prisiones, y 2 Timoteo en su segunda prisión poco antes de su muerte.

En su segundo viaje cuando Pablo pasa por Efeso rumbo a Macedonia, deja a Timoteo. Posteriormente le escribió esta carta para animarlo y aclarar algunas de las cosas que debía hacer.

Para realizar este estudio, puede utilizar cualquier versión de la Biblia, pero recomendamos tener además otra versión para así poder comparar los pasajes.

Lista de estudios

Estudio	Pasaje	Tema	Página
1	1:1,2 3:14-16	Trasfondo	5
2	1:3-7	Enseñanza errónea	10
3	1:8-11	El uso de la ley	14
4	1:12-17	El testimonio de Pablo	18
5	1:18-20	El camino del fracaso	22
6	2:1-8	La oración	26
7	2:9-15	La mujer	30
8	3:1-7	Los dirigentes	34
9	3:8-13	Los diáconos	38
10	4:1-5	La apostasia	42
11	4:6-16	El buen ministro	45
12	5:1-16	Las viudas	49
13	5:17-6:2	Temas varios	53
14	6:6-10 6:17-19	Las riquezas	58
15	6:3-5 6:11-16 6:20,21	La conclusión	62

Cómo utilizar este cuaderno 67

1 El trasfondo del libro

⇨ 1 Timoteo 1:1,2; 3:14-16

Antes de comenzar 1 Timoteo, veamos otros pasajes que nos ayudarán a conocer mejor a Timoteo, y a entender la situación de la iglesia en Efeso.

Timoteo

Sabemos, por otras partes del Nuevo Testamento, que Timoteo acompañó mucho a Pablo en sus viajes misioneros, y que Pablo en más de una oportunidad lo envió en misiones especiales. Aunque era más joven que Pablo, este lo estimaba mucho.

1/ Busque Filipenses 2:19,20. Explique en sus propias palabras que pensaba Pablo de Timoteo.

Timoteo no solamente acompañaba a Pablo, sino que lo ayudaba también a escribir sus cartas. Aparentemente Pablo sufría una dolencia en los ojos, y necesitaba dictar sus cartas a un ayudante (ver, por ejemplo, Romanos 16:22).

2/ Según 2 Corintios 1:1, Timoteo colaboró con Pablo en escribir esa carta. ¿Con cuáles otras lo hizo?

Efeso

En Hechos 19 se nos relata como Pablo fundó la iglesia en Efeso, y menciona que pasó varios años allí. Hechos 20:18-35 nos narra un discurso de Pablo a los encargados de la iglesia de Efeso, en el cual les habla de un futuro peligro.

3/ Busque Hechos 20:9 y 30 y anote la forma en que ese peligro iba a producirse.

1 Timoteo 1:1,2

Los vv. 1 y 2 son un saludo típico de las epístolas. La mayoría de ellas comienzan en una forma parecida.

4/ Según estos versículos:

a/ Dios es:

b/ Jesucristo es:

c/ Pablo es:

d/ Timoteo es:

Siempre decimos que Jesucristo es nuestro Salvador porque murió por nosotros en la cruz. "Salvador" es uno de sus títulos más comunes. Pero el v. 1 habla de Dios nuestro Salvador.

5/ ¿De qué manera es Dios nuestro Salvador?

1 Timoteo 3:14-16

Estos dos versículos están incluídos en esta primera lección porque en ellos, Pablo explica el propósito de su carta. Como dice el v. 15, da pautas a Timoteo para que sepa conducirse en la casa de Dios.

Es importante destacar que "casa" aquí no se refiere al templo. En el Nuevo Testamento, la palabra iglesia siempre habla de la congregación, el pueblo, pero nunca del edificio.

6/ ¿De qué manera la iglesia es "columna y baluarte de la verdad"? (v. 15). Para aclarar su significado, busque este mismo versículo en otras traducciones de la Biblia.

Otras versiones traducen, en el v. 15, "familia" en vez de "casa". En Efesios 2:19 la misma palabra también se traduce como la "familia de Dios".

7/ Pensando en esa figura:

a/ ¿De qué manera la iglesia es parecida a una familia?

b/ ¿Qué debemos hacer para que el ambiente de la iglesia sea más parecido al de una familia sana, que al de una institución?

La parte del v. 16 que comienza con "Dios fue manifestado..." es uno de los credos más antiguos de la iglesia. Es muy probable que las iglesias lo utilizaran como un himno.
8/ Haga su propia versión particular de ese himno... una versión "criolla". Puede ser en forma de "paráfrasis" (busque la palabra en un diccionario).

Hemos visto brevemente el propósito y la situación en la que esta carta fue escrita. Esta información nos provee el trasfondo de la carta, y son datos que nos ayudan a comprender el libro mismo. Estudie la carta para saber como conducirse mejor siendo un miembro sano de la familia de Dios.

2 Enseñanza errónea
⇨ 1 Timoteo 1:3-7

Estos versículos nos introducen al problema que Timoteo tenía que resolver. La predicción de Pablo en Hechos 20:29,30 había llegado a ser una realidad. El v. 3 habla de no enseñar diferente doctrina. La palabra "doctrina" sencillamente significa enseñanza, sea buena o mala, falsa o verdadera. Una traducción más literal de la frase "no enseñar diferente doctrina" sería: No enseñar "otra cosa".

1/ Piense un momento. ¿Será posible enseñar "otra cosa", y no enseñar cosas falsas?

Los dos ejemplos que Pablo da de las otras enseñanzas son "fábulas y genealogías interminables". Una fábula es un cuento o historia que el narrador inventa. Una "genealogía" es simplemente una lista de descendientes, como por ejemplo, la que encontramos en Mt 1:1-16. Pablo aquí no solamente se refiere a disputas acerca de estas listas (problema que encontramos varias veces en el Nuevo Testamento) sino también a las interpretaciones extravagantes de pasajes del Antiguo Testamento.

Esos hombres no necesariamente enseñaban cosas erróneas, sino sencillamente cosas que nada tenían que ver con el verdadero propósito de la enseñanza.

2/ Dé un ejemplo moderno de una enseñanza que erra en cuanto al blanco, es decir, que es "otra cosa".

Aunque Pablo no da detalles en cuanto al contenido de la enseñanza, explica los resultados de la misma.

3/ ¿Cuáles son los resultados de una buena enseñanza?

4/ ¿Cuáles son los resultados de una mala enseñanza?

5/ Si los hombres que enseñaban "otra cosa" eran sinceros, y supongamos que lo eran, ¿cuál era realmente su problema? ¿En qué fallaron?

6/ Frente a esta situación, ¿qué cosas tenía que hacer Timoteo?

a/

b/

7/ Pensemos de nuevo en la actualidad. En forma de resumen, y también de aplicación, ¿cómo podemos saber si una enseñanza es buena o mala?

En la actualidad, son los pastores y ancianos los que deben vigilar la enseñanza en la iglesia para estar seguros de que ésta cumple realmente su función verdadera. Sin embargo, muchos de nosotros tenemos una clase bíblica, u otras oportunidades donde enseñar. En estos casos, la responsabilidad de no enseñar "otra cosa" cae sobre cada uno de nosotros.

8/ ¿Qué debemos hacer, entonces, para estar seguros de que nuestra enseñanza no es "otra cosa"?

Hemos de encontrar este mismo tema en otras porciones del libro. Pablo insiste mucho en él, porque en un sentido, la vida de la iglesia depende de la enseñanza que recibe.

3 El uso de la ley
⇨ 1 Timoteo 1:8-11

En el v. 7 Pablo dice que uno de los errores de aquellos hombres era no saber el lugar correcto de la ley de Moisés en la vida cristiana. Ellos querían ser maestros de la ley, pero realmente no comprendían ni la ley, ni lo que decían. En esta porción Pablo nos aclara el verdadero propósito de la ley. Para comenzar, debemos comprender el significado de la palabra "ley". En primer lugar se refiere sencillamente a los 10 mandamientos. Pero cuando examinamos el uso de la palabra en el Nuevo Testamento, nos damos cuenta que su significado es más amplio.

1/ **Busque los siguientes pasajes donde se hace alguna referencia a la ley. Indique, en cada ejemplo, a qué libro del Antiguo Testamento se refiere. Si el pasaje no lo menciona, encontrará la referencia al pie de página.**

a/ Mateo 12:5

b/ Lucas 2:23

c/ Lucas 2:24

d/ Juan 10:34

e/ 1 Corintios 9:9

f/ 1 Corintios 14:21

g/ Gálatas 4:21,22

Deducimos por los datos que nos dan estas citas, que la palabra "ley" se refiere a todo el Antiguo Testamento y no solamente a los 10 mandamientos.

2/ **Según este pasaje, ¿cuál es el verdadero propósito de la ley?**

3/ **¿Implica el v. 8 que a veces la ley no es buena? Explique.**

Veamos varios ejemplos del mal uso de la ley en el Nuevo Testamento.

4/ En los siguientes ejemplos, ¿quiénes erraron, y cuál era su error?

a/ Hechos 15:1,5

b/ Gálatas 2:11-14

5/ Puede pensar en un ejemplo actual sobre el mal uso de la ley?

El planteo de Pablo es que la ley es para todos los que no viven según la "sana doctrina", o la "sana enseñanza".

6/ ¿Por qué los que han aceptado la "sana doctrina" no necesitan la ley?

7/ ¿Hay algún desacuerdo entre la sana enseñanza y la ley?

8/ En forma de conclusión, ¿cuál es el uso correcto de la ley para el cristiano?

4 El testimonio de Pablo
⇨ 1 Timoteo 1:12-17

En este pasaje tenemos el testimonio de uno de los personajes más destacados del Nuevo Testamento. Nos muestra no solamente la misericordia de Dios, sino también sus propósitos al cambiar una vida. La conversión total de Pablo dio como resultado un hombre útil para Dios. Nuestro problema, tal vez sea que somos "medio convertidos".

1/ **Al leer este pasaje, ¿qué características de la vida anterior de Pablo nos harían pensar que no era un buen candidato para ser misionero?**

2/ **Busque en el pasaje los distintos cambios que Dios hizo en la vida de Pablo.**

3/ Según Pablo:

a/ ¿Por qué razones Dios lo "recibió a misericordia"?

b/ ¿Con qué propósito?

4/ Pablo destaca que Dios lo recibió solamente debido a su misericordia y gracia. Defina estas dos palabras. ¿Qué diferencia existe entre ellas?

En el v. 15 Pablo nos dice que "es" el peor de los pecadores, y no que "era".

5/ ¿Cómo puede Pablo, siendo apóstol, hablar de sí mismo de esta manera?

Sabemos como Dios tomó los aspectos débiles del carácter de Pablo, los aspectos negativos (pregunta 1) y los transformó en algo positivo. Nuestras debilidades, en las manos de Dios, pueden llegar a ser atributos positivos.

6/ **Piense un momento. ¿Cuáles son los aspectos más débiles de su propio carácter? Comparta con el grupo uno de estos aspectos.**

7/ ¿De qué manera Dios puede transformar esa debilidad en algo positivo para su servicio?

Aunque la experiencia de Pablo puede parecer espectacular en comparación con la nuestra, compartimos con Pablo el hecho de que nosotros también hemos sido llamados al servicio de Jesucristo. Todo creyente ha sido llamado a la obediencia y al servicio.

8/ Aquí, y en otros pasajes, Pablo explica como Dios lo había preparado para ese servicio. ¿Cómo lo ha preparado a usted?

Medite un momento en el v. 17. Cuando Pablo piensa en todo lo que Dios ha hecho en su vida, brota inevitablemente una alabanza al Dios que le mostró tanta paciencia y misericordia. Recomiendo que terminen su tiempo de estudio en grupo con un momento de alabanza a Dios por todo lo que ha hecho en *sus* vidas.

5 El camino del fracaso
⇨ 1 Timoteo 1:18-20

Estos tres versículos son una advertencia para Timoteo, y para nosotros. Llaman la atención de Timoteo a su verdadera tarea, pero también a la posibilidad de fracasar en ella. Porque *es* posible fracasar. En el Nuevo Testamento tenemos no solamente muchas advertencias directas, sino también ejemplos como estos dos que nos da Pablo en este pasaje. Veamos primero la exhortación a Timoteo. Note los términos militares en el v. 18.

1/ ¿Cuál es la "milicia" que Timoteo debe militar?

2/ ¿Qué equipo o preparación tiene Timoteo para esta milicia? Ver también 4:14 junto con Hechos 13:2,3.

Pero junto con esta exhortación, viene la advertencia, y Pablo nombra a dos hombres que fracasaron en su vida Cristiana.

Como indican algunas traducciones del v. 19, el pasaje original dice que estos dos "naufragaron" en su fe.

3/ ¿Qué significa esto?

Pablo dice que ellos fracasaron porque no hicieron caso a su conciencia.

4/ ¿Cuál sería la relación entre "buena conciencia" y "naufragar"?

Seguramente es peligroso no hacer caso a nuestra conciencia. Pero, ¿la conciencia siempre tiene razón? Por ejemplo, si toda mi vida me enseñaron que un cristiano verdadero solamente puede orar de rodillas, mi conciencia me molestaría si tuviera que orar en un grupo que lo hace sentado. Aun hay casos donde las personas tienen una conciencia tan sensible que viven sintiéndose culpables.

5/ ¿Qué opina usted? ¿Cuál es el lugar de la conciencia en la vida cristiana?

6/ En el v. 20, Pablo nos habla de como disciplinó a estos dos hombres.

a/ ¿Cuál fue la causa de la disciplina?

b/ ¿Qué medio usó para la disciplina? (Ver también 1 Corintios 5:5 y 13)

c/ ¿Cuál fue el propósito de la disciplina?

Cuando un cristiano fracasa, es una tragedia. usted seguramente tendrá ejemplos de esto. Pero a veces la culpa no es solamente de las personas, sino también de la iglesia, por no actuar en el momento oportuno.

7/ Como pregunta final, ¿qué debemos hacer nosotros para que en nuestra iglesia haya personas como Timoteo, y no como Himeneo y Alejandro?

6 La oración
⇨ 1 Timoteo 2:1-8

La primera parte de este capítulo trata el tema de la oración, algo fundamental para la función de una iglesia sana. La iglesia que no sabe orar "existe"... la que ora *vive*.

1/ En términos generales, entonces:

a/ ¿Por quiénes debemos orar?

b/ ¿Por qué debemos orar?

c/ ¿Qué debemos pedir?

d/ ¿Cómo debemos orar?

2/ Aunque Pablo dice que debemos orar por todas las personas, destaca a las autoridades civiles. ¿Por qué?

3/ ¿A qué se refiere el "esto" del v. 3? (Este preparado para defender su posición en el grupo, ya que hay más de una posiblidad en la respuesta.)

Los vv. 4-6 son un corto paréntesis, donde Pablo presenta un resumen del evangelio.

En el v. 4 Pablo dice que Dios desea dos cosas: que las personas se salven, y que lleguen al conocimiento de la verdad.

4/ ¿Cuál de los dos se da primero? ¿Necesitamos conocer la verdad para ser salvos, o ese conocimiento es el resultado de la salvación? Trate de fundamentar su conclusión en otros pasajes de la Biblia.

5/ Pablo utiliza dos palabras para describir el lugar de Cristo en nuestra salvación: "mediador" y "rescate". Explique estas dos palabras como si se las dijera a un chico de 10 años.

En el v. 7 Pablo reafirma que Dios lo había nombrado un ministro del mensaje del evangelio. Note que utiliza tres palabras para describir su ministerio.

6/ Explique qué clase de ministerio describen las palabras:

a/ predicador.

b/ apóstol.

c/ maestro.

Para terminar esta lección, regresamos al tema de la oración. Note que en el v. 8 Pablo exhorta a los hombres a orar "levantando sus manos (hacia Dios)". Era una práctica común en el Antiguo Testamento (por ejemplo, Salmo 63:4), y aparentemente aún el Señor lo hizo (Lc 24:50). Hoy en día, algunos grupos cristianos lo hacen, mientras otros no.

7/ ¿Es correcto hacerlo o no? Explique las razones de su respuesta.

Si lo pensamos un poco, nos damos cuenta de que la reunión de oración debe ser una de las actividades más importantes de la iglesia. Sin embargo, en la práctica, no es así. En muchos casos es la reunión menos concurrida.

8/ ¿Cuál es la causa de esta situación?

9/ ¿Cuál es la solución?

La iglesia sana es la que ora. Sin esta dependencia de la misericordia y poder de Dios, no podemos pretender cumplir la voluntad de Dios. Note de nuevo como Pablo comienza este capítulo: "Ante todo, que se hagan peticiones..."

7 La mujer

⇨ 1 Timoteo 2:9-15

El tema de esta segunda parte del capítulo es notablemente difícil de interpretar, y ha sido motivo de mucha polémica y hasta división. Lo único que podemos hacer ahora es estudiar lo que Pablo *dice*, tratando de comprender los principios encerrados en el pasaje. La manera de aplicar estos principios a la vida de una congregación depende de los dirigentes de cada iglesia.

Es importante recordar que Pablo escribe en una situación histórica específica. Por ejemplo, la mujer judía iba a la sinagoga para escuchar. No le era permitido estudiar la ley, tampoco enseñar. Según la ley judía, ella era más bien una "cosa", que una "persona". Igualmente, la mujer griega respetable no participaba en la vida pública.

Es decir, estas palabras de Pablo son fáciles de ver a la luz de su situación cultural; no lo es tan fácil hoy, y entre las iglesias cristianas estos principios se aplican de diferentes maneras.

1/ Comencemos con los vv. 9 y 10.

   a/ ¿Cuál es el *principio* que encierran estas instruciones?

   b/ ¿Cuál sería un ejemplo actual del error que señala Pablo?

2/ Los vv. 9 y 10 hablan de las mujeres. Pero ¿no se aplica el mismo principio a los hombres? ¿Qué opina Ud.?

En los vv. 11 y 12 encontramos otro principio. Muchos comentaristas destacan la necesidad de comparar estos versículos con 1 Corintios 11:5. donde Pablo afirma que la mujer oraba y profetizaba en ciertas situaciones. Note también que la palabra traducida por "silencio" en los vv. 11 y 12 es la misma que está traducida como "reposadamente" (tranquila) en el v. 2 y como "sosegadamente" (tranquilamente) en 2 Tesalonicenses 3:12.

3/ Primero, ¿cuál es el *principio* que encierran estos dos versículos?

4/ Si es así:
a/ ¿Qué es lo que la mujer no debe hacer?

b/ ¿Qué es lo que sí puede hacer?

Luego en los vv. 13-15 Pablo explica por qué insiste sobre esto. Su argumento se basa en Génesis 2:18-23 y 3:1-29. Sus razones, en esencia, son dos.
5/ La primera se encuentra en el v. 13. ¿De qué manera el v. 13 es una explicación de la posición de Pablo sobre la mujer?

La segunda razón se encuentra en el v. 14.
6/ El hombre pecó, y según Pablo, fue el pecado de Adán (no el de Eva) que dio como resultado nuestra condenación (Romanos 5:14-19). ¿Qué opina usted de este argumento de Pablo? ¿Le parece justo?

7/ ¿El v. 14 se aplica también a la mujer de hoy? Es decir, ¿la mujer actual tiende a ser más ingenua, más fácil de engañar que el hombre?

Casi todos los comentaristas coinciden que el v. 15 es el más difícil de las epístolas pastorales. Casi la única cosa clara del versículo es que no habla de la salvación eterna de la mujer; esta se basa en su relación con Jesucristo y nada más.

8/ Entonces, según el contexto de este pasaje, ¿de qué se salva la mujer?

Varios comentaristas coinciden en afirmar que el planteo del v. 15 es que la función normal de la mujer esta en el hogar, y no en el púlpito.

La Biblia afirma que las diferencias entre el hombre y la mujer no son de esencia delante de Dios, sino de función. Por ejemplo:

- los dos son hechos a la imagen de Dios, Génesis 1:27.
- son iguales delante de Dios, Gálatas 3:28.
- ambos tienen la misma herencia en Cristo, 1 Pedro 3:7.
- los dos son sacerdotes delante de Dios, 1 Pedro 2:5,6.
- ambos tienen los dones del Espíritu, 1 Corintios 12:4-7.

Que el Señor nos ayude a tener claridad sobre este polémico tema.

8
Los dirigentes
⇨ 1 Timoteo 3:1-7

El Nuevo Testamento habla de dos "oficios" en la iglesia, dos grupos de personas que tienen una responsabilidad en y sobre la congregación. Un hecho que destaca la importancia de este capítulo es que una iglesia no puede ser más fuerte —o saludable— que sus líderes. Creemos que muchas iglesias se están muriendo sencillamente porque no tienen ancianos/obispos/pastores y diáconos con las características necesarias, y que cumplan las funciones que otros pasajes detallan.

Es necesario aclarar desde el principio que "obispo" y "anciano" se refieren a la misma persona. "Anciano" habla de su madurez espiritual, de su experiencia; "obispo" habla de su función como supervisor, coordinador y organizador de las actividades de la iglesia. Una de sus tareas principales es "pastorear", lo cual resulta en otro título, que es "pastor".

1/ Repasen brevemente la lista de requisitos para el obispo. ¿Hay algunos que no deben aplicarse a *todos* nosotros, es decir, características que se aplican exclusivamente a obispos?

2/ Si estas cualidades son iguales a las que todo creyente maduro debe tener, ¿qué es lo que distingue al anciano de las demás personas de la congregación?

3/ Sobre la base de este pasaje, explique cómo debe ser el carácter del obispo.

4/ Explique también el papel que cumple el hogar en la vida y trabajo del obispo.

5/ Note que el v. 7 habla de los que no son de la iglesia. ¿Qué tienen que ver ellos con lo que pasa dentro de la iglesia?

6/ ¿Qué dice el pasaje en cuanto a lo que *hace* el obispo, es decir, su trabajo?

7/ Note que el v. 1 dice que no es malo aspirar a ser obispo de la iglesia.

a/ ¿Conviene animar a los jóvenes a que se preparen para ser obispos?

b/ ¿Qué puede, o debe hacer la iglesia para preparar a tales personas?

8/Piense en un líder que usted conoce y respeta.
a/ ¿Por qué lo respeta? ¿Qué cualidades tiene que hacen de él un buen líder?

b/ A la luz de este pasaje, ¿cómo mide a esa persona? ¿Cumple con lo que dice el pasaje?

Si esta es la clase de persona que Dios propone para el liderazgo de la iglesia, entonces nos debe servir de modelo a todos nosotros. Por supuesto, hay aspectos que no se aplican a jóvenes o a mujeres, sin embargo, son claras las características generales de la persona que Dios busca.
¿Cómo se mide usted frente a este pasaje? ¿En qué aspecto falla? Hoy, usted puede comenzar a cambiar ese aspecto de su vida con la ayuda de Dios, y así llegar a ser un siervo más útil a su Señor.

9 Los diáconos
⇨ 1 Timoteo 3:8-13

El diácono es, literalmente, un siervo. En el Nuevo Testamento original, escrito en griego, la palabra aparece unas 30 veces. En todas las ocasiones menos tres, se traduce con palabras como "ministro" o "siervo".

Pablo no dice nada en este pasaje en cuanto al trabajo del diácono, pero si es cierto que Hechos 6:1-6 relata el nombramiento de los primeros diáconos, entonces es la única indicación específica de su trabajo.

1/ ¿Cuál es, en esencia, el trabajo de un diácono según Hechos 6?

Si bien es cierto que todo creyente ha de ser un siervo, para una iglesia tener un grupo reconocido de diáconos tiene ciertas ventajas.

Piense en su propia congregación. Quizá tenga diáconos, o no. De todos modos, piense en la función que un grupo de diáconos puede tener en una congregación.

2/ ¿Qué beneficios trae a la iglesia tener un grupo de diáconos?

3/ En general, la lista de requisitos para los diáconos es similar a la que se da para los obispos. Pero hay para ellos un requisito adicional e importante.

a/ ¿Cuál es?

b/ ¿Por qué Pablo agrega este requisito para los diáconos, y no para los obispos?

4/ ¿Cómo se debe poner en práctica el v. 10? ¿Cuál será esa "prueba"?

El v. 10 dice que una persona podrá ser diácono si es "irreprensible".
5/ ¿Qué significa eso? ¿Qué diferencia hay entre "irreprensible" y "perfecto"?

Note que el v. 11 habla de las mujeres. Unos han sugerido que se refiere a las esposas de los diáconos, pero la mayoría de los comentaristas indican que seguramente habla de "diaconisas". Romanos 16:1, en la versión Reina-Valera, confirma esta interpretación.
6/ Pero si es así, ¿no será una contradicción a 1 Ti 2:12? ¿Qué opina Ud.?

El v. 13 habla de dos recompensas para los diáconos. Busque ese versículo en varias versiones de la Biblia.
7/ Explique en sus propias palabras en qué consisten estas recompensas.

a/

b/

Es difícil que una iglesia sea más vigorosa que sus líderes. En su primera época, aparentemente el gobierno de la iglesia estaba compuesto por un grupo de ancianos/obispos/pastores, y un grupo de diáconos. Que ahora no sea siempre así es otro tema. Lo que sí podemos afirmar con seguridad es que el gobierno actual de la iglesia debe basarse en los fundamentos que hemos visto en este capítulo.

10 La apostasía
⇨ 1 Timoteo 4:1-5

Nuevamente aquí Pablo habla de la posibilidad de apartarse de la fe. La palabra "apostatar" que encontramos en la versión Reina-Valera significa sencillamente "salir", "apartarse". Pablo mencionó esa posibilidad por primera vez en 1:19; esta vez lo hace con más detalles.

En el v. 1 Pablo afirma que el Espíritu estaba diciendo claramente que en tiempos posteriores algunos se apartarían de la fe.

1/ Busque dos pasajes más del Nuevo Testamento donde el Espíritu dice lo mismo.

2/ Lea los vv. 1 y 2 en más de una versión de la Biblia, y responda: ¿Por qué dejan la fe?

3/ El pasaje habla de cierta clase de maestros, hombres que creaban problemas entre los creyentes.

a/ Según las pocas evidencias que tenemos en el pasaje, ¿estos hombres eran de la misma iglesia, o de afuera?

b/ ¿De dónde venía su enseñanza?

Pablo nos da solamente dos ejemplos de la enseñanza de aquellos hombres, pero seguramente que tenían otras prohibiciones parecidas. Probablemente ellos pensaban que su doctrina era la correcta, y que enseñaban la verdadera vida cristiana.

4/ **Veamos nuevamente esas dos prohibiciones. ¿Por qué pensaban ellos que eran buenas para el cristiano?**

5/ **Pensemos: ¿Cuál sería o debería ser la actitud verdaderamente cristiana frente a:**

a/ la primera prohibición?

b/ la segunda?

Lamentablemente, hay sectores del mundo "cristiano" que enseñan estas dos cosas, y otras parecidas. Es lo que comúnmente llamamos "legalismo".

6/ De su propia experiencia, ¿puede señalar otros ejemplos de esta clase de enseñanza?

7/ El v. 4 presenta el lado positivo del tema. Pero, ¿no habrá limitaciones a lo que afirma este versículo?

8/ Finalmente: ¿Cómo podemos nosotros asegurarnos que nunca dejaremos la fe?

11 El buen ministro
⇨ 1 Timoteo 4:6-16

En este pasaje, Pablo aconseja a Timoteo cómo ser un "buen ministro" de Jesucristo (v. 6). Aparentemente Timoteo tenía la tendencia a "achicarse", a retirarse de la lucha. Pero Pablo lo exhorta diciéndole cómo y por qué debe mantenerse dentro de la primera línea en la batalla.

1/ El pasaje contiene muchas instrucciones específicas.

a/ Haga una lista de todos los verbos imperativos que encontramos en estos versículos.

b/ ¿Cuántos son para la vida personal de Timoteo, y cuántos para su ministerio?

2/ Escriba un resumen de las instrucciones:

a/ personales para Timoteo.

b/ para su ministerio.

3/ ¿Cómo explica Pablo la relación entre estas dos áreas de la vida?

Actualmente se habla mucho de la necesidad de cuidar el cuerpo, de una dieta correcta y del ejercicio físico. Y creo que tenemos base bíblica para afirmar que debemos cuidarnos físicamente, como por ejemplo, 1 Corintios 6:20.

4/ ¿Cómo, entonces, debemos aplicar el v. 8? ¿Qué debemos hacer, y no hacer?

5/ Note que en los vv. 6-11, Pablo repite tres veces que Timoteo tenía que enseñar "esto". (vv. 6,9,11)

a/ Específicamente, ¿de qué habla cuando dice "esto"?

b/ Si esta carta fuera para Ud., ¿qué haría en este caso?

6/ ¿A qué se refiere el "esto" o "eso mismo" del v. 10? Explique este versículo.

Timoteo aparentemente sentía ciertos recelos de actuar por ser joven. Aunque, según los comentaristas, puede haber tenido por lo menos 30 años. De todos modos, es un sentir que muchos de nosotros hemos compartido.

7/ ¿Qué debemos hacer si nos sentimos inmaduros, o incapaces para hacer la obra del Señor?

8/ Es importante notar en estos versículos la urgencia de Pablo. El insiste, exhorta, presiona a Timoteo.

a/ ¿Por qué insiste tanto?

b/ ¿Qué quiere decir en el v. 16 cuando dice: "te salvarás a ti mismo"?

Recordemos nuevamente que la vida cristiana es un proceso. Si un cristiano deja de crecer, si piensa que ya es lo suficientemente maduro, con esa actitud ya está mostrando síntomas de una enfermedad espiritual. Dios quiere que seamos verdaderos discípulos de su Hijo, creciendo en conocimiento y experiencia, para así poder utilizarnos en forjar otros discípulos.

12 Las viudas

⇨ 1 Timoteo 5:1-16

Vemos algo en este pasaje que en nuestros días no tenemos por costumbre: la existencia de un grupo de viudas que tenían ciertas responsabilidades en la iglesia, y que dependían de ella. Aunque actualmente no vivimos la misma situación, sí tenemos viudas, y otras personas con necesidades especiales dentro de la iglesia. Es importante que lea el pasaje en más de una versión de la Biblia antes de responder a las preguntas.

1/ **Según Pablo, se puede dividir a las viudas en dos grupos generales.**

   a/ ¿Cuáles son esos dos grupos?

   b/ ¿Quién tiene la responsabilidad de cuidar a cada grupo?

3/ Explique en sus propias palabras qué es una viuda "verdadera" (v. 3).

3/ Además Pablo dice que podemos dividir a las verdaderas viudas en dos grupos. ¿Cuál es la diferencia entre unas y otras?

Aunque aquí el pasaje habla de viudas, tenemos principios que se aplican a la relación en general con nuestros parientes.

4/ ¿Qué nos enseña Pablo en este pasaje en cuanto a la responsabilidad que tenemos hacia nuestros parientes?

La viuda representa una necesidad especial en nuestra sociedad, aún con la provisión de pensiones, especialmente cuando son mayores de edad.

5/ Pensemos en el caso de las viudas en general.

a/ ¿Cuáles son sus necesidades especiales?

b/ ¿Qué debemos hacer, como iglesia, para ayudarlas?

La "lista" que se menciona en el v. 9 aparentemente no era de las viudas que recibían ayuda, sino de las que formaban un grupo de servicio en la iglesia.

6/ ¿Le parece que conviene que una iglesia tenga un grupo de viudas inscritas como describe Pablo?

a/ ¿Por qué?

b/ ¿Cuáles son las necesidades que puede cubrir tal grupo?

Pensemos un momento en otras clases de personas necesitadas. En la iglesia a veces tenemos personas que se quedan sin trabajo. Otras veces tenemos enfermos con muchos gastos en medicamentos. Además es común que haya personas que vengan a pedir limosna o "alguna cosa" a nuestra puerta.

7/ ¿Hay pautas en este pasaje que nos ayudan a saber cuándo debemos dar ayuda, y cuándo no?

Si erramos, por lo general erramos en no ayudar como debemos. Hay pocas iglesias que son "demasiado" generosas con la gente necesitada. Pero está claro en la Biblia que las ofrendas no eran solamente para "la obra del Señor", sino que una buena parte era designada a la gente necesitada.

8/ Piense en el caso de su propia iglesia.

a/ ¿Conoce usted las necesidades que la iglesia debe tratar de aliviar?

b/ ¿Qué es específicamente lo que puede o debe hacer?

Por eso, siempre que podamos, hagamos bien a todos, y especialmente a nuestros hermanos en la fe.
(Gá 6:10).

13 Temas varios
⇨ 1 Timoteo 5:17-6:2

En este pasaje, Pablo trata varios temas prácticos, y de una manera abreviada. Cada uno merecería una discusión más amplia en el seno de la iglesia.

1/ **¿Cuáles son las tres exhortaciones en cuanto a los ancianos (obispos)?**

2/ **¿Qué será ese "doble honor" o "doblemente apreciados" del cual habla el v. 17?**

3/ **¿Por qué es esencial el v. 19?**

No estamos acostumbrados a la idea de reprender o disciplinar a un anciano, u obispo. Sin embargo, si ellos deben ser ejemplo para la iglesia, es necesario exigirles una conducta irreprensible.

El v. 22 habla de encomendar una responsabilidad a una persona sin la debida reflexión, o conocimiento de la misma.

4/ Hacer participar en un trabajo o responsabilidad a un nuevo creyente en la iglesia tiene sus ventajas y desventajas.

a/ ¿Cuáles serán algunas de las ventajas?

b/ ¿Cuáles serán algunas de las desventajas?

5/ ¿Cuáles serán algunas de las formas en que podemos "participar en pecados ajenos", o "hacernos cómplices de los pecados de otros" (v. 22)?

La práctica de imponer las manos era muy común en los días apostólicos. En parte, era una forma de encomendación; y también, era una identificación, un compromiso de parte de los que imponían las manos. Nosotros podemos tomarlo en el sentido de "encomendar una responsabilidad a una persona".

6/ Los vv. 24 y 25 parecen ser proverbios.

a/ Explique en sus propias palabras la idea de estos proverbios.

b/ ¿Qué tienen que ver con el tema que estamos discutiendo en este pasaje?

Aunque los vv. 1 y 2 hablan de la esclavitud, se aplican también a los empleados. El Nuevo Testamento reconoce la existencia de la esclavitud, aunque no la aprueba. Sencillamente trata de ayudar a los hermanos a ser buenos cristianos en la situación en que viven, a pesar de las circunstancias.

7/ A la luz de estos versículos:

a/ ¿De qué manera puede el creyente abusar de su patrón, especialmente si es también creyente?

b/ ¿Cómo debe trabajar el creyente?

c/ ¿Cómo debe tratar a sus empleados el patrón creyente? Aunque este pasaje no habla del tema, usted recordará otros párrafos que lo hacen.

8/ ¿Cuál es, para usted, el versículo más importante de este pasaje? Explique por qué.

14 Las riquezas

⇨ 1 Timoteo 6:6-10; 6:17-19

En esta lección vamos a omitir unos versículos para tomar dos porciones que tratan el mismo tema: las riquezas. Regresaremos a 6:3-5 en la siguiente lección.

Es interesante notar cómo varias versiones de la Biblia traducen el v. 6. Por ejemplo:

Y claro está que la religión es una fuente de gran riqueza, pero sólo para él que se contenta con lo que tiene. (Versión Popular)
La piedad es ciertamente un buen negocio cuando uno se conforma con lo que tiene. (Nueva Biblia Española)
Y ciertamente es un gran negocio la piedad, con tal que se contente con lo que tiene. (La Biblia de Jerusalén)

1/ ¿Qué quiere decir esto?

En el v. 7 Pablo, entonces, comienza con su explicación. Aunque hace muchos siglos que escribió esto, sus palabras son muy actuales para nuestra sociedad materialista. La Biblia muchas veces afirma que las cosas que tenemos pueden desviarnos de ser la persona que debemos ser.

2/ **Según estos dos párrafos de estudio, ¿qué actitud debemos asumir frente a las posesiones que ya tenemos?**

Pablo destaca también aquí el peligro de querer tener más. No es fácil encontrar un equilibrio entre el deseo de mejorar nuestra situación —la ambición "sana"— y la codicia.

3/ **¿Cómo debemos aplicar el v. 9? ¿Será legítimo aspirar a una vivienda propia, o un trabajo mejor pagado? ¿Cómo ve usted esto?**

4/ **¿Es cierto que la "raíz de todos los males es el amor al dinero" (v. 10)? Explique.**

Por supuesto, la manera en que interpretamos este pasaje depende mucho de nuestra propia situación. No es lo mismo vivir en una choza de la selva amazónica que vivir en una casa de un buen barrio de Buenos Aires. Lo que significa tener mucho, o poco, depende completamente de nuestra situación; lo que es mucho para uno, puede significar poco para el otro.

5/ **El v. 17 habla de los ricos (versión Reina-Valera). Pero ¿qué es ser rico? ¿Qué determina si una persona es rica o no?**

6/ **En varias versiones dice que los ricos (¿nosotros?) deben ser "generosos". (v. 18)**

a/ **¿Qué es ser "generoso"?**

b/ **¿Le parece que la gente de su iglesia es "generosa" con sus ofrendas?**

7/ Note la primera parte del v. 19 en varias versiones. ¿Qué quiere decir esto?

Recomendamos que terminen su estudio leyendo juntos 2 Corintios 8:1-4. Oren para que el Señor les dé una actitud correcta frente a sus posesiones materiales.

15 La conclusión
⇨ 1 Timoteo 6:3-5; 6:11-16; 6:20,21

Estos últimos versículos que tratamos en esta lección básicamente hablan de dos temas: los malos maestros, y una última exhortación para Timoteo.
Comenzamos juntando los vv. 3-5 con los vv. 20 y 21, ya que están relacionados. Nuevamente Pablo advierte de los que enseñan mal en la iglesia.

1/ ¿Cuál era el *contenido* de la enseñanza de esos hombres?

2/ ¿Cuál era el *resultado* de su enseñanza?

3/ ¿Qué debía hacer Timoteo frente a ellos?

En varias oportunidades Pablo ha tratado este problema de los malos maestros, y para nosotros hoy, es un énfasis necesario por el aumento de sectas y "doctrinas raras".

4/ Hagamos un breve repaso del tema. Anote en el espacio del cuadro una breve descripción basada en cada pasaje.

Pasaje	¿Como eran los malos maestros?	¿Cuál era su enseñanza?
1:3-7		
1:19b, 20		
4:1-5		
4:7a		

Seguramente nuestra actitud frente a los que enseñan la Palabra de Dios debe ser la de Hechos 17:11, o la de 1 Ts 5:21.

Pasamos ahora al segundo tema: la exhortación a Timoteo. Es un pasaje de acción. En este pasaje encontramos cinco verbos imperativos que se aplican a Timoteo, pero que también podemos aplicarlos hoy a nosotros.

5/ A la luz de lo que Pablo escribe a Timoteo, explique cómo podemos, o debemos, aplicar en nosotros cada uno de estos verbos.

a/ huir

b/ seguir (llevar)

c/ pelear

d/ echar mano (no dejar escapar)

e/ guardar (obedecer)

Terminamos con la corta doxología de los vv. 15 y 16. Una "doxología" es sencillamente un himno de alabanza a Dios. Note que habla de Dios el Padre, no de Jesucristo.

6/ ¿Qué implicancias tienen para nosotros las frases:
a/ "el único que tiene inmortalidad"

b/ "habita en luz inaccesible"

c/ "ningún hombre lo ha visto ni lo puede ver"

7/ Al finalizar el estudio de esta carta:
a/ ¿Cuál le parece que es su tema principal?

b/ En forma personal, ¿qué es lo qué más le ha impactado de este estudio?

No sabemos cómo reaccionó Timoteo cuando recibió esta carta. Seguramente la leyó muchas veces para sí, y también en público. Pero más importante aún es saber cómo reaccionamos nosotros frente a ella. Pablo llamó a Timoteo a vivir una vida singular, bien enfocada, con su corazón y fuerzas puestos al servicio de Jesucristo. Y hoy, a nosotros, Dios nos llama a hacer lo mismo.

Cómo utilizar este cuaderno

Estos cuadernos son guías de estudio, es decir, su propósito es guiarle a usted para que haga su propio estudio del tema o libro de la Biblia que desarrolla este material. El cuaderno propone un diálogo. En él introducimos el tema, sugerimos cómo proceder con la investigación, comentamos, pero también preguntamos. Los espacios después de las preguntas son para que usted anote su respuesta a ellas. Esperamos que, por medio del diálogo, le ayudemos a forjar su propia comprensión del tema. No de segunda mano, como cuando se escucha un sermón, sino como fruto de su propia lectura y investigación.

¿Cómo hacer el estudio?

1 - Antes de comenzar, ore. Pida ayuda a Dios que le hable y le dé comprensión durante su estudio.
2 - Se deben leer los pasajes bíblicos más de una vez y preguntarse: ¿Qué dice el autor? Aunque muchos utilizan la versión Reina-Valera de la Biblia, conviene tener otra versión o versiones disponibles para comparar los pasajes entre las dos. La "Versión popular" y la "Nueva versión internacional" le pueden ayudar a ver el pasaje con más claridad.
3 - Siga con la lectura de la lección. Responda lo mejor que pueda a las preguntas.
4 - Evite la tendencia de "apurarse para terminar". Es mejor avanzar lentamente, pensando, preguntando, aclarando.

En grupo

El estudio personal es de mucho valor pero se multiplican los beneficios si lo acompaña con el estudio en grupo. Un grupo de hasta 8 personas es lo ideal. Pero, puede ser que por diferentes motivos el grupo esté formado por usted y una persona más, aun así, es mejor que estudiar solo.

En realidad, estos cuadernos han sido diseñados con ese motivo: estimular el estudio en células, en grupos pequeños.

La manera de hacerlo es fácil:

1 - Usted hace en forma personal una de las lecciones del cuaderno. Aun cuando pueda haber cosas que no entienda bien, haga el mayor esfuerzo posible para completar la lección.

2 - Luego se reune con su grupo. En el grupo comparten entre todos las respuestas de cada pregunta. Puede ser que no tengan las mismas respuestas, pero comparando entre todos las van aclarando y corrigiendo.

Es durante este compartir semanal de una hora y media, este diálogo entre todos, donde se encuentra la verdadera riqueza y que nos provée esta forma de estudio.

3 - Evite salirse del tema. El tiempo es oro, y lo más importante es enfocar todo el esfuerzo del grupo en el tema de la lección. Luego, pueden dedicar tiempo para conocerse más y tener un rato social.

4 - Participe. Todos deben participar. La riqueza del trabajo en grupo es justamente eso.

5 - Escuche. Hay una tendencia de apurar nuestras propias opiniones sin permitir que el otro termine. Vamos a aprender de cada uno, aun de los que, según nuestra opinión, están equivocados.

6 - No domine la discusión. Puede ser que usted tenga todas las respuestas correctas, sin embargo es importante dar lugar a todos, y estimular a los tímidos a participar. No se trata de sobresalir, sino de compartir aprendiendo juntos.

Si en el grupo no hay una persona con experiencia en coordinarlo, se puede encontrar ayuda para dirigir un grupo en:

1 - Nuestra página web, www.edicionescc.com. La sección "Capacitación" ofrece una explicación breve del método de estudio.

2 - En las últimas páginas de nuestro catálogo se ofrece también una orientación.

3 - El cuaderno titulado "Células y otros grupos pequeños" es un curso de capacitación para los que desean aprender cómo coordinar un grupo.

4 - Hay algunas guías que disponen de un cuaderno de sugerencias para el coordinador del grupo.

Finalmente diremos que las guias no contienen respuestas a las preguntas ya que el cuaderno es exactamente eso, una guia, una ayuda para estimular su propio pensamiento, no un comentario ni un sermón. Le marcamos el camino, pero usted lo tiene que seguir.

Que el Señor lo acompañe en esta tarea y si necesita ayuda, comuníquese con nosotros. Estamos para servirle.

Se terminó de imprimir en los
Talleres Gráficos de
Ediciones CC
Córdoba 419 - Villa Nueva, Pcia de Córdoba
Octubre de 2013
IMPRESO EN ARGENTINA

www.ingramcontent.com/pod-product-compliance
Lightning Source LLC
Chambersburg PA
CBHW060704030426
42337CB00017B/2755